PHOTOGRAPHIES
DE
JEAN-MARC FIESS

ANALPHABÊTES

EDITIONS
THIERRY
MAGNIER

TTENTION
ÂNE

BISON

CROCODILE

DROMADAIRE

ÉLÉPHANT

FLAMANT ROSE

GIRAFE

HIPPOPOTAME

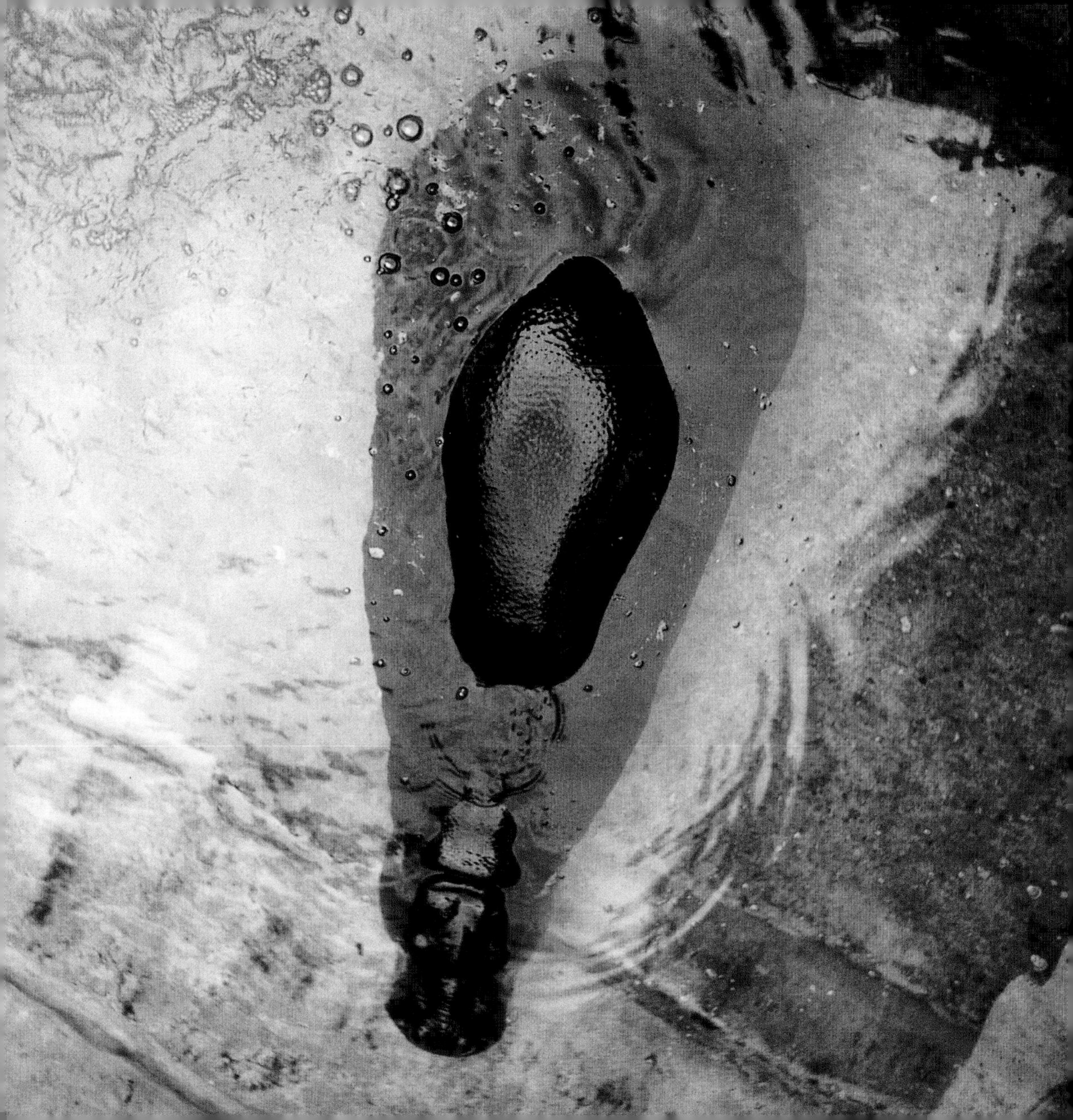

IGUANE

JAGUAR

KANGOUROU

LOUTRE

MOUTON

NANDOU

OURS

PHOQUE

QUETZAL

REQUIN

SINGE

TIGRE

UNAU

VAUTOUR

WATUSI

XIPHOPHORE

YACK

ZÈBRE

ISBN 2-84420-185-7
Dépôt légal : septembre 2002
Loi n° 49-956 du 16 juillet 1949 sur
les publications destinées à la jeunesse
Achevé d'imprimer bêtement
en Belgique par l'imprimerie Proost
en août 2002
Photogravure : Ateliers du Pays d'Oc, Nîmes
Conception graphique : Marion Bataille